Totally Spies!™

MISSION CHERCHE ET TROUVE

W0292808

LES LIVRES DU DRAGON D'OR

Mission rangement

Le matin, Alex, Sam et Clover finissent de se préparer avant d'aller au lycée. Elles sont en retard... et quelle pagaille dans la maison ! Aide-les à retrouver leurs affaires.

- bague
- rouge à lèvres
- téléphone portable
- lunettes de soleil
- porte-monnaie
- sac à main
- montre
- clé
- brosse

Mission sauve-qui-peut !

Mandy, Caitlin et Dominique, les ennemies jurées des Spies, organisent au lycée une manifestation contre les filles pour les rendre impopulaires ! Retrouve Clover, Sam et Alex, soutenues par Arnold, qui tentent de passer inaperçus. Aide-les à rassembler leurs affaires de sport pour filer en douce au cours de gym !

Clover – Sam – Alex – Arnold – sweat

ballon de basket – batte de base-ball – bouée – raquette

Mission gadgets en folie

Les Spies se sont fait woohper par Jerry pour une nouvelle mission. G.L.A.D.I.S. doit leur fournir des gadgets, mais un court-circuit lui fait perdre la tête et elle disperse tous les gadgets dans tous les sens ! Aide les filles à retrouver ceux dont elles ont vraiment besoin.

Rouge à Lèvres Appareil Photo	Bracelet Multifonctions	Bandeau Pirate Ampli-Visuel	Boîtier Désintégrateur
Sèche-Cheveux Tornado 9000	Montre Scanner	Bracelet de Communication	Lunettes Infrarouges

Mission rattrapez-les !

Les prisonniers du WOOHP se sont évadés et tentent de s'enfuir à travers la jungle ! Sam, Alex et Clover sont envoyées pour les arrêter. Aide les Spies à capturer les ennemis qui essaient de leur échapper, et retrouve Dean, Blaine et Britney, venus leur prêter main-forte.

Mission shopping

Après l'effort, le réconfort. Les Spies sont d'attaque pour une séance de shopping au Groove ! Mais à force de fouiller un peu partout, elles ont mis le magasin sens dessus dessous. Aide les filles à retrouver leurs affaires.

- bracelet
- carte de crédit
- bague
- chaussures
- barrettes
- écharpe
- collier

YMB
SHION

Mission diplôme en poche

C'est la fin du lycée pour les Spies, qui s'apprêtent à recevoir leurs diplômes. Mais Jazz Hands, évadé de la prison du WOOHP, veut se venger des filles ! Avec son armée de mimes, il vient pour kidnapper les mamans et voler les diplômes des Spies. Aide-les à déjouer son plan diabolique... Et aide Arnold à retrouver ses lunettes !

Gabby
Stella
Carmen

diplôme de Sam
diplôme de Clover
diplôme d'Alex
lunettes d'Arnold

Mission beaux gosses

Alex, Sam et Clover découvrent l'université de Mali-U et surtout plein de garçons qui les font craquer! Retrouve les étudiants sur lesquels les filles ont jeté leur dévolu, ainsi que Mandy et Mindy qui tentent de les concurrencer!

Mission fiesta !

Pour fêter leur installation dans le loft, leur nouvel appartement d'étudiantes, les Spies organisent une soirée déguisée avec tous leurs amis. Mais certains ennemis se sont introduits chez elles pour gâcher la fête ! Aide Clover, Sam et Alex à les démasquer, et retrouve leurs précieux « gadgets », sans lesquels ils ne se déplacent jamais...

Géraldine et son chat

Yves Montblanc et ses méga-montblanc

Miss Vanité et son pistolet-maquilleur

Juliano et sa pizza-missile

Tu as accompli toutes les missions avec Clover, Sam et Alex ? Alors, tu es prête pour ces nouvelles missions réservées uniquement aux super espionnes !

Mission jamais sans mon ComPoudrier

Les ComPoudriers sont les gadgets préférés des Spies et chacune a le sien ! Grâce à eux, elles peuvent communiquer entre elles et avec Jerry, changer de tenue à volonté... Recherche les 3 ComPoudriers égarés dans chaque mission, tu dois en trouver 24 en tout.

Mission doudou

Alex est la plus jeune des Spies, et elle se sépare rarement de sa peluche favorite, Ollie la tortue. Cherche-la dans chaque mission ! Tu dois en trouver 8 en tout.

Mission où est Jerry ?

Jerry s'est caché dans chacune des missions en prenant à chaque fois un déguisement différent. À toi de le retrouver !

Mission œil de lynx et mascara

Pour être une espionne de choc, il faut savoir ouvrir l'œil! As-tu bien observé tous les détails de chaque mission? Pour le savoir, réponds à ces questions!

Mission rangement

Qui est le garçon en photo dans le cadre en forme de cœur? Clover est folle de lui!

Un indice : il est présent dans trois autres missions.

Mission sauve-qui-peut !

Un agent du WOOHP tente de passer inaperçu dans le hall du lycée. Le reconnais-tu?

Un indice : c'est une fille, et elle aide les Spies à capturer les prisonniers du WOOHP.

Mission gadgets en folie

Parmi les gadgets des Spies se trouve l'arme préférée de Jazz Hands. L'as-tu repérée?

Un indice : il l'utilise lors de sa tentative de kidnapping...

Mission rattrapez-les !

Terence, le terrible frère jumeau de Jerry, s'est caché dans la jungle. Sauras-tu le retrouver?

Un indice : il s'est glissé en douce à la soirée des Spies, où il se prend pour le Roi-Soleil !

Mission shopping

Alex a totalement craqué pour Sparky, un adorable petit chien. Il est caché dans le magasin, mais où se trouve-t-il exactement?

Un indice : Alex l'a aussi emmené au lycée pour la remise des diplômes.

Mission diplôme en poche

Un autre ennemi des Spies est de mèche avec Jazz Hands. Où est-il?

Un indice : il s'est aussi évadé de la prison du WOOHP.

Mission beaux gosses

Le garçon de dos au premier plan est un agent instructeur du WOOHP, et les Spies en pincent toutes un peu pour lui... Qui est-ce?

Un indice : Clover lui fait les yeux doux en tenue de diplômée.

Mission fiesta !

Qui est la sorcière qui joue la pique-assiette à côté du buffet?

Un indice : elle organise la manifestation avec Mandy et Caitlin...

Mission super méga ultra Totally Spies !

Voici l'ultime mission, que seule une véritable Spies peut réussir! Clover a égaré son Sac à Dos Jet-Propulseur avec lequel elle peut voyager dans les airs. À toi de trouver dans quelle mission il a été perdu...

Mission œil de lynx et mascara

Mission rangement

C'est Blaine, bien sûr ! Et il est encore mieux en vrai qu'en photo... Clover a tout de suite craqué pour lui, même s'il travaillait à l'époque pour un ennemi des Spies !

Mission shopping

Sparky est si mignon... Pas étonnant qu'Alex n'arrive pas à s'en séparer pour le rendre à son maître ! Mais il a fait tellement de dégâts dans la villa, Clover et Sam étaient furieuses !

Mission sauve-qui-peut !

Espionne, c'est un métier, et Britney a l'art de se faire discrète ! Elle est pleine de ressources et les Spies adorent partir en mission avec elle !

Mission diplôme en poche

Sigmund s'est glissé parmi la bande de mimes, mais le moins qu'on puisse dire c'est qu'il ne fait pas le pitre... Il ne doit pas rigoler souvent, celui-là !

Mission gadgets en folie

Les meilleures espionnes savent toujours se méfier des apparences... Ce drôle d'accordéon projette en fait des rayons laser qui transforment tout ce qui bouge en mime !

Mission beaux gosses

Eh oui, c'est Dean ! Dès que les Spies le voient, elles tombent sous son charme ! À l'époque où Dean était leur instructeur au WOOHP, rester concentrées était mission impossible !

Mission rattrapez-les !

Terence est l'ennemi le plus coriace du WOOHP : c'est le chef des N.U.L.O.S. (Nouveaux Ultraméchants pour Liquider et Opprimer les Spies).

Mission fiesta !

Dominique n'a pas besoin de se déguiser en affreuse sorcière pour être la pire des pestes... Après Mandy, évidemment ! Normal, elles sont copines.